Souvenirs de Londres

Isis Balla

Souvenirs de Londres

Recueil

ISBN : 979-10-422-1611-5

1
Belvedere

L'été s'en était allé

De la lumière dans ta chambre
Le ciel était étoilé

Dans les rues de Belvedere
Là où tu vivais
À l'Est

Ici quelques réverbères
Un peu de poussière céleste

Des gamins jouaient au foot
Tu m'as présentée à eux
Puis tu as chassé mes doutes,
Seule était devenue deux

Les émotions d'une fête,
Sans sous-titres défilaient
Me faisaient tourner la tête
En chantant en portugais

Une femme se tourna
Et dit « J'ai connu ta peine
Vingt ans plus tôt c'était moi
Je devenais londonienne »

Les gens m'avaient adoptée
Ils ne parlaient pas anglais
Je tentais de m'adapter
Tu disais « ça va aller »
Je n'ai retenu qu'un mot,
De ceux entendus ici
Ça se dit *obrigado*,
Ce qui signifie *merci*

Dans les rues de Belvedere
Nul besoin de traduction
Ceux qui ce soir-là m'aidèrent
Ne parlent qu'en affection.

2
Blackfriars

En passant sur le pont ma mémoire traverse
J'avais encore sommeil en descendant du train
À l'issue d'un trajet où même l'averse berce
Chaque matin j'y passais, souvent avec entrain

En marchant sur le pont sous le même parapluie
Ta voix qui me chantait cette mélodie résonne
En écho dans ma tête pour parer à l'ennui
D'avoir perdu ta main qu'un souvenir redonne

Je n'ai pas oublié ton rire emprisonné
À l'arrêt Blackfriars et sa façade de verre
Dans une boule à neige que j'aime retourner
La Cathédrale St Paul a la tête à l'envers

Arrivant sur le pont le monde disparaît
La promesse qu'on s'est faite désormais retentit
Ici sur l'édifice où tout a commencé
Se dessine en pensées ton retour pressenti.

3
Tate Modern

Dans l'amusant musée,
Les attraits sont abstraits

Sur d'importants portants
Des tableaux attablés

La couleur a coulé
Sur la toile étoilée
Formant l'œuvre difforme
En tâches détachées

Je me tâte à m'y rendre
Je pourrais m'en éprendre
Ou alors, me méprendre
Sur cet art archétype
D'un talent atypique.

4
Trafalgar Square

Des lions inoffensifs
Interpellent les gens
Regardant l'air pensif
Le musée adjacent

Assis au pied des marches
Devant la galerie
L'entrée en forme d'arche
Accueille mes flâneries

Un sandwich du *Tesco*
Drôle d'objet poétique
Croqué entre deux mots
Dans ce temple esthétique

Devant moi des lions songent
Sur la célèbre place
Dans leur robe de bronze
Leurs ombres se déplacent.

5
Hoxton

Les lueurs aveuglantes
D'une salle de fête
Les gens chantent à tue-tête
La démarche accueillante

Un grand photomaton
Vient flasher le moment
Et conserver ces temps
Que nous regretterons

Ici on se sent libre
La nuit est immortelle
Et c'est intentionnel
Que nos pas deviennent ivres.

6
Piccadilly

Une place agitée. L'artiste de rue danse
Des lumières insomniaques. Une ville en éveil
La nuit passe plus vite encore que la veille
L'évidente affluence m'entraîne dans sa transe

De bar en bar ce soir se poursuit mon errance
La statue veille ici en ange de vermeil
Les lieux de nuit aiment ceux qui n'ont pas sommeil
Et qui s'en vont former une éphémère alliance

Au point de rendez-vous théâtre *Criterion*
À toutes ces soirées où si fort nous riions
La rue éblouie par l'écran publicitaire

Des chevaux en fontaine qui s'en vont au galop
Pendant un court instant je me crois à Time Square
Et sur la grande artère mes craintes tombent à l'eau.

7
Portobello

Des maisons en couleur
Pour allumer la rue
Le ciel aujourd'hui pleure
Je descends l'avenue

Les parapluies qui valsent
Parmi eux je me noie
La route n'est pas vaste
Pour tous ceux qui louvoient

Dans l'échoppe au sous-sol
Des vinyles m'attrapent
Et une clé de sol
Ouvre aux notes qui happent

Puis dans l'autre boutique
D'habits de seconde main
S'est enfuie la musique
En semant mon chemin.

8
Holborn

J'aperçois
Dispersé
Le passé
Que j'enlace
Puis je laisse
Car lassée
De penser,

À Holborn
Ou All born,

Resurgit
L'éperdue
Nostalgie
De tes pas
Disparus.

9
Tamise

J'ai misé sur la Tamise
J'ai choisi la liberté
Sur Londres souffle la bise
Je recommence à rêver

Tamisée dans un troquet
Je l'effleure du regard
Je vois mes peines noyées
En sucrant mon café noir

Quelques bateaux aux abords
La pluie tombe en ricochets
Du sud à la mer du Nord
Sur la Tamise déchaînée

J'aperçois des souvenirs
Dispersés par son écume
Le fleuve évapore nos rires
Dans le Londres où nous vécûmes

Elle serpente sous les ponts
Séparant la ville en deux
Elle murmure une chanson
Transperçant mon cœur heureux

Enlacée entre deux rives,
Ta mise est déjà gagnée
Là où l'espoir se ravive
Réveillé par l'eau glacée.

10
Elephant & Castle

Par un jour de septembre venu sans l'attendre
Un amour londonien plus fort que les anciens
Moi qui n'avais connu que d'odieux Parisiens
L'inopiné bonheur me tend une main tendre

De son cœur embrasé j'ai bien tout à apprendre
Par un soir de novembre on s'en va discuter
Avant de s'embrasser tous deux s'aventurer
Sans y croire vraiment la vie peut nous surprendre

Elephant and Castle est l'arrêt desservi
Par mon royaume uni en mille rêveries
Minuit sonne le glas d'une vie solitaire

Mon cœur n'est plus déçu quand il est dans le sud,
Qu'il est beau quand on aime ce quartier populaire,
L'amour retrouvé chasse les incertitudes.

11
Waterloo

À la gare Waterloo passe le parfum d'hier
J'ai choisi l'Angleterre pour apaiser mes maux
Quand j'arrivais à Londres des années en arrière
De l'anglais en ce temps je parlais deux trois mots

Le ciel tombait en cordes,
Le parapluie fébrile,
Dans la foule je m'accorde,
C'était un mois d'avril,

Avec quelques amis j'entamais le dialogue
Ils riaient sous la pluie tels des hurluberlus
Amusée j'affirmais « *It's raining cats and dogs* »,
J'ajoutais « j'aurais pu choisir Honolulu »

À la gare Waterloo je reviens par moments
Mais sans mes vieux amis ça me rend nostalgique
La pluie tombe toujours et se remonte le temps
J'y vois passer leurs ombres c'est un peu fantastique.

12
Buckingham

Quand tentent sans succès les touristes impatients
D'attirer du regard les attentions des gardes
La relève se révèle comme au jour précédent
En traversant Green Park, de là je m'y attarde

Comme eux je fus un temps en arrivant à Londres
Eblouie par le règne d'une ville contemporaine
Bien qu'aujourd'hui je sois, au loin tapie dans l'ombre
Je garde espoir pérenne d'apercevoir la reine.

13
Big Ben

Pour tous les visiteurs c'est un très grand moment
D'admirer au plus près ce si grand monument
Incontournable emblème aux attraits atypiques
Le plus connu de tous les fameux Britanniques

Quand il est en travaux ça parle dans la presse
Quand on l'a retrouvé on le garde en son cœur
Pour l'observer de près le monde entier se presse
À chaque nouvelle heure les cloches sonnent en chœur

Le découvrant enfin un voyageur s'excite
Ignorant qu'il sonnait pour sceller le Brexit
Devant Big Ben s'oubliera tout à part le temps
Qui passe doucement devant le parlement

La balade à son pied vaut plus que le détour
Amoureux à ses pieds le monde entier accourt
L'aiguille qui se fige. Londres se met en pause
L'éloge de l'horloge alors en moi s'impose.

14
Ascot

Été deux mille huit,

Souvenir de l'hippodrome,

Dans mon cœur d'enfant,

Leur galop qui retentit,

Inlassablement,

Faisant des tours dans ma tête,

Depuis douze ans.

15
Heathrow

L'avion arrive sur la piste
La Tamise en tournant zigzague
De là-haut je vois qui divaguent
Les monuments minimalistes

Londres devant moi se déploie
En miniature pour l'instant
Les yeux écarquillés devant
Un London eye à taille enfant

Quand vient l'heure de retourner
À Heathrow pour le vol retour
Je ferais bien d'autres détours
Pour détourner mon arrivée

La Piccadilly line déserte.
Une voix en moi se fait entendre
« Charles de Gaulle peut bien attendre »
Les portes du métro ouvertes

L’aéroport est arrivé

J’aurais voulu avoir l’audace
Le temps d’un bel instant fugace
De ne pas m’être ravisée.

16
Barron's court

Assis en face de moi dans le tube ils sont là
Les traits un peu tirés
Le couple de Barron's court
Je prends place face à eux puis se ferment les portes

Là où le train s'échappe du tunnel sous-terrain
Le soleil cogne fort, rare pour un mois d'octobre
Derrière eux des maisons parsèment le chemin

La District line se vide. Eux deux ne bougent pas
Mon cœur solitaire las les voit adolescents
Rêvassant je me prends à emboîter leurs pas
Ma station apparaît, de justesse je descends.

17
La tour de Londres

Ici les corbeaux,
Qui ont élu domicile,
Sont de bon augure.

18
Lancaster Gate

Février,

Promenade dans Hyde Park,

Pour se réchauffer,

Le cœur.

Glacée,

Dans un motel délabré,

J'admirais les beaux quartiers,

De loin.

Marchant,

En doudoune emmitouflée,

Cherchant à me protéger,

Du froid.

Revient,

Ce souvenir oublié comme,

Une cabine téléphonique,

Désuète.

Arrivant,

À l'arrêt Lancaster Gate,

Pour retrouver un ami,

Au parc,

Rêvant,

De devenir à mon tour,

Comme il pouvait l'être,

Anglais,

Voyant,

La city qui s'allumait,

En buildings,

Comme un livre,

De photos,

Animé,

Ou Sterling.

19
Regent Street

De son air arrondi elle surplombe la ville
Le regard vers le ciel je contemple son arc,
Régent est toujours noble en son cœur de monarque
Je vois sortant d'*Hamleys* un gamin qui frétille

La foule éparpillée qui dans la rue fourmille
L'accordéon de gens descend vers St James Park
Dans ce rêve infini un bus rouge m'embarque
La folle course urbaine d'en haut alors scintille

Des boutiques sortent les gens des sacs en main
Les poches sans Sterling je passe mon chemin
La nuit j'observe sa forme ronde et fière

Un peu labyrinthique où le regard s'étonne
Qui parsemée d'étoiles a un aspect lunaire
Dans son arc déroutant, enfin je m'abandonne.

20
Tottenham Court Road

Tottenham Court Road
Toute une âme qui rôde
À travers son ode
Mes travers s’érodent,

Je disperse aujourd’hui,
Les incinérées cendres,
De vénérés soucis.

21
Algate

Le bus de nuit a disparu
Dans un sillon inattendu
Assise à l'étage comme toujours
Des pensées du passé accourent

Ceux qui ne sont pas par ici
Me font imaginer Paris
Le terminus est arrivé
Le mal du pays avéré

Par cet instant que je m'accorde
Je regrette presque Concorde
Si je revois Vincennes, j'évince
Car d'un Marais mes yeux se rincent

Comme un cliché pour me déplaire
Place de Clichy Pathé Wepler
Si c'est un film sur l'Angleterre
Toute médaille a son revers.

22
Beckenham

Un peu au nord de Croydon
Dans le sud-est de Londres
Nos pas qui se coordonnent
Quand je marchais dans ton ombre

Dans les rues de Beckenham
Les pentes qu'on dévalait
En enjambant les dos d'âne
Pour nous étaient des vallées

Dans un grand rétroviseur
Soudain elles réapparaissent
Me rappelant les humeurs
Des hiers qui me caressent.

23
Baker Street

Des circonstances de cire qui laissent de marbre
Là où les gens célèbres ne peuvent bouger
Le lieu laisse à penser que l'âge est contrôlé
Le temps glisse sur eux comme il le fait sur l'arbre

Ils ne craignent ni rides ni gris dans la barbe
À Baker Street le temps semble s'être arrêté
Tous ceux qui vivent là à jamais sont figés
Immortels tel l'hiver passant sur la joubarbe

S'amusant des statues les gens sont un peu sots
Et laissent passer le temps chez Madame Tussaud
Se prenant pour Sherlock qui ici enquêtait

Au-dehors dans la rue se trouve un voyageur
Piégé sous les klaxons de taxis entêtés
Pressant alors son pas pour rattraper les heures.

24
Bethnal Green

Un écureuil
Pendant l'automne
Tombent les feuilles
Déjà par tonnes

Tu arrivais
À Londres aussi
Réaliser
Ta prophétie

« Un mois déjà »
Tu me disais
Et moi je crois
Je languissais

De découvrir
Toute la ville
D'appartenir
Au cercle agile
De gens soucieux
De voir grandir
Leurs plus grands vœux
En souvenirs.

25
Liverpool Street

Des gens dans des gratte-ciel mallette à la main
Dans ce quartier d'affaires où il y a peu à faire
Viennent compter des chiffres ici tous les matins
Leur cœur est à l'ouvrage alors seule j'y erre

S'y rendre par plaisir paraît presque comique
Dans les bureaux se joue le même film qu'hier
Celui d'un apogée de gloire économique
Et je me sens piégée au pied des tours de verre

Enfin quand vient la nuit les rues y sont désertes
Les bureaux allumés. Les chaises restées vides
Le temps d'une soirée les chiffres restent inertes
La City appartient aux veilleurs intrépides

Station Liverpool Street en attendant le bus
De nuit numéro huit, qui me ramène chez moi
La tête ivre d'amour j'ai l'âme qui trébuche
Au cœur d'une ville centre de mes émois.

26
London Eye

Tournant sur lui-même,
Observant toute la ville,
Rotation rêvée.

27
Camden Town

Quand dans la rue se ruent des passants de tout âge
La démarche pressée en habits excentriques
Le corps entier parfois couvert de tatouages
L'atmosphère qui passe ici est folklorique.

La journée je me rends au marché aux saveurs
Se côtoient du parfum, des bijoux et de l'art
Et par le froid d'hiver j'y vais avec ferveur
Sans frayeur jusqu'au soir où je pars vers les bars

La nuit vient accueillir qui veut se fourvoyer
Le brouhaha résonne ici contre les murs
Je commande un cocktail, mais de ma voix noyée
Le serveur impuissant ne saisit qu'un murmure.

Dans le canal des barques servent à décorer
Les cabanons gourmets me font beaucoup d'effet
Dans chaque échoppe je passe alors picorer
À Camden le bonheur se tisse et se défait.

28
Stratford

Je porte en moi un souvenir
D’une arrivée déboussolée
Dans ce coin j’aime revenir
Quand j’ai besoin de m’isoler

Des écoliers en uniformes
Arpentent les rues en courant
Et l’écho que leur rire forme
Me suit comme un chant récurrent

« Fais attention c’est malfamé »
Disait la rumeur apeurée
J’aurais eu tort de l’écouter
Me dit le bonheur effleuré

La démarche mélancolique
Parfois je me mets à trier
Aux abords du stade olympique
Mes grandes joies expatriées

En se promenant à Startford
Sous les masques on lit les sourires
Qui passent ici comme la horde
De mes plus puissants souvenirs.

29
Ealing

Il flotte dans les airs
Les tableaux suspendus
Décrochés des murs nus
En drôle d'atmosphère

Nos journées ont fané
Sont passées les saisons
Et les cartons fermés
Dans la grande maison

Au sol éparpillés
Quelques morceaux de nous
À recoller par bouts
Dans nos esprits pillés

Une larme glissée
Adieu Ealing Broadway
Nos souvenirs brodés
Aujourd'hui détissés.

30
St Pancras

Arrivant à St Pancras
Le tumulte de la gare
De bon matin me fait face
Dans mes pensées je m'égare

Parmi les gens je m'efface
Pour contempler l'air hagard
Les trains passer sans arrêt
Sans leur accorder d'égards.

Les vacanciers pressés courent
Je les regarde valser
Un pianiste joue chaque jour
Sans penser aux heures d'après

Sur ce quai qui nous convie
Je vois des vies qui se frôlent
Se côtoyer sans envie
Chacun restant dans son rôle

Un cliché en noir et blanc
St Pancras part lentement
J'entr'aperçois la City
Mes cils battent. Elle est partie

J'essuie d'un revers de Manche
Mes yeux par inadvertance.

Table des matières

Imprimé en Allemagne
Achevé d'imprimer en décembre 2023
Dépôt légal : décembre 2023

Pour

Le Lys Bleu Éditions
40, rue du Louvre
75001 Paris

www.ingramcontent.com/pod-product-compliance
Lightning Source LLC
Chambersburg PA
CBHW062347010826
49168CB00024B/303

* 9 7 9 1 0 4 2 2 1 6 1 1 5 *